BEI GRIN MACHT SICH IHR WISSEN BEZAHLT

AF148268

- Wir veröffentlichen Ihre Hausarbeit,
  Bachelor- und Masterarbeit

- Ihr eigenes eBook und Buch -
  weltweit in allen wichtigen Shops

- Verdienen Sie an jedem Verkauf

Jetzt bei www.GRIN.com hochladen
und kostenlos publizieren

Stefan Lampert

Nachvertragliches Wettbewerbsverbot des GmbH-Geschäftsführers

GRIN Verlag

Bibliografische Information der Deutschen Nationalbibliothek:

Die Deutsche Bibliothek verzeichnet diese Publikation in der Deutschen National-
bibliografie; detaillierte bibliografische Daten sind im Internet über http://dnb.d-
nb.de/ abrufbar.

Impressum:

Copyright © 2010 GRIN Verlag GmbH
Druck und Bindung: Books on Demand GmbH, Norderstedt Germany
ISBN: 978-3-656-43707-9

Dieses Buch bei GRIN:

http://www.grin.com/de/e-book/214571/nachvertragliches-wettbewerbsverbot-des-
gmbh-geschaeftsfuehrers

GRIN - Your knowledge has value

Der GRIN Verlag publiziert seit 1998 wissenschaftliche Arbeiten von Studenten, Hochschullehrern und anderen Akademikern als eBook und gedrucktes Buch. Die Verlagswebsite www.grin.com ist die ideale Plattform zur Veröffentlichung von Hausarbeiten, Abschlussarbeiten, wissenschaftlichen Aufsätzen, Dissertationen und Fachbüchern.

Besuchen Sie uns im Internet:

http://www.grin.com/

http://www.facebook.com/grincom

http://www.twitter.com/grin_com

Das nachvertragliche Wettbewerbsverbot des GmbH-Geschäftsführers

von

Stefan Lampert

Inhaltsverzeichnis

2

Literaturverzeichnis

Kalss/Nowotny/Schauer, Österreichisches Gesellschaftsrecht (2008),

Reich-Rohrwig, GmbH-Recht I² (1997)

I. Die GmbH

1. Allgemeines

Das Gesetz definiert nicht, wie das Aktiengesetz eine AG definiert, was eine GmbH ist. Nach einer anerkannten Definition ist eine GmbH eine Körperschaft mit eigener Rechtspersönlichkeit, deren Gesellschafter mit Stammeinlagen auf das in Geschäftsanteile zerlegte Stammkapital beteiligt sind, ohne dass die Gesellschafter für Verbindlichkeiten der Gesellschaft haften.

Die GmbH ist eine Kapitalgesellschaft mit personalistischen Elementen. Das zeigt sich daran, dass die GmbH im Gegensatz zur AG noch überschaubarer ist und die GmbH Anteile schwieriger zu übertragen sind als Aktien.

GmbH- Anteile können nie mittels Indossament übertragen werden. Eine solche Übertragung ist nach § 75 Abs 3 wirkungslos. Die Gesellschafterstellung kann nur erworben werden durch Übernahme des Geschäftsanteils durch die Gründer der GmbH, durch Eintritt in die Gesellschaft im Zuge einer Kapitalerhöhung, durch Übertragung der Gesellschafterstellung zB Anteilskauf oder im Erbweg.

2. Der Geschäftsführer

Eine GmbH[1] ist eine juristische Person, die als solche rechtsfähig ist, also selbst Trägerin von Rechten und Pflichten sein kann (§ 61 Abs 1). Sie ist jedoch selbst nicht Handlungsfähig. Die GmbH handelt deshalb durch ihre Organe, unter anderem durch den oder die Geschäftsführer.

Geschäftsführer sind notwendiges Organ der GmbH. Jede GmbH muss zumindest einen Geschäftsführer haben. Sondergesetze oder Gesellschaftsvertrag können jedoch etwas anderes bestimmen.

Kreditinstitute in der Rechtsform einer GmbH müssen nach § 5 Abs 1 Z 12 BWG mindestens zwei Geschäftsführer haben.

---

1   Die GmbH ist stets Unternehmerin kraft Rechtsform

3

Die Geschäftsführer müssen physische, handlungsfähige Personen sein. Eine juristische Person kann nie Geschäftsführer werden, jedoch Gesellschafter. Ebenso können OG und KG, Privatstiftungen und grundsätzlich auch Vereine, wenn es ihr Statut vorsieht, die Gesellschafterstellung inne haben.

Ein Gesellschafter kann zugleich auch Geschäftsführer sein, wie dies in Praxis häufig vorkommt, obwohl die GmbH vom Prinzip der Drittorganschaft geprägt wird.

Die Bestellung zum Geschäftsführer kann durch Gesellschafterbeschluss, im Gesellschaftsvertrag oder durch das Gericht in Form eines Notgeschäftsführers erfolgen.

II. Wettbewerbsverbot

1. Wettbewerbsverbot nach dem GmbH-Gesetz

Für die Geschäftsführer gelten die Wettbewerbsvorschriften des § 24. Die Wettbewerbsvorschriften des § 24 sind jenen der OG ähnlich (§§ 112 ff UGB)

Nach § 24 dürfen Geschäftsführer ohne Einwilligung der Gesellschaft

- Keine Geschäfte in deren *Geschäftszweige* für eigene oder fremde Rechnung täigen

- Sie dürfen sich nicht bei einer Gesellschaft des gleichen *Geschäftszweiges* als persönlich haftenden Gesellschafter beteiligen

- Sie dürfen auch nicht eine Stelle weder im Vorstand noch im Aufsichtsrat noch als Geschäftsführer bekleiden.

Zu klären wäre die Frage, ab wann die Geschäftsführer im gleichen Geschäftszweig handeln.

Der OGH[2] beantworte diese Frage wie folgt: *„Verboten sind demnach Aktivitäten der Geschäftsführer im gleichen Geschäftszweig, worunter nicht nur der im Gesellschaftsvertrag umschriebene Unternehmensgegenstand, sondern auch die tatsächlichen Betätigungsfelder der Gesellschaft zu verstehen sind"*

Eine Verschärfung des § 24 wäre möglich, etwa durch Gesellschaftsvertrag, Gesellschafterbeschluss oder im Anstellungsvertrag.

---

2 OGH 10.10.1995, 4 Ob 52/95

2. Befreiung des Wettbewerbsverbotes

Nach § 24 Abs 2 können die Geschäftsführer vom gesetzlichen Wettbewerbsverbot mittels Gesellschafterbeschluss befreit werden. Aber auch der Gesellschaftsvertrag kann den Geschäftsführer von dem Wettbewerbsverbot des § 24 befreien. Eine Einwilligung wird von Gesetzes wegen schon dann vermutet, wenn den übrigen Gesellschaftern bei der Bestellung eines Gesellschafters zum Geschäftsführer eine derartige Tätigkeit oder Teilnahme bekannt war. Die gesetzliche Vermutung nach § 24 Abs 2 erwähnt nur die Bestellung eines Gesellschafters zum Geschäftsführer. § 24 Abs 2 gilt aber auch sinngemäß für den Fremdgeschäftsführer. Die Bewilligung ist beliebig gestaltbar und kann jederzeit widerrufen werden.

Hat sich aber ein Gesellschafter-Geschäftsführer die Befreiung des Wettbewerbsverbotes iSd § 24 Abs 1 als Sonderrecht einräumen lassen, so bedarf es für den Widerruf entweder die Zustimmung des Betroffenen oder die Geltendmachung eines wichtigen Grundes durch die Gesellschaft. [3]

3. Verletzung des Wettbewerbsverbotes

Verstöße gegen das Wettbewerbsverbot werden streng sanktioniert. Nach § 24 Abs 3 kann der Geschäftsführer abberufen werden, ohne dass die Gesellschaft ihm gegenüber schadenersatzpflichtig wird. Weiters kann die Gesellschaft bei schuldhafter Verletzung (Schaden, Kausalität, Rechtswidrigkeit und Verschulden) Schadenersatz fordern oder statt der Schadenersatzforderung verlangen, dass die Gesellschaft in das für Rechnung des Geschäftsführers gemachte Geschäft eintritt oder sogar die Herausgabe der hierfür bezogenen Vergütung oder die Abtretung des Anspruch auf die Vergütung verlangen.

4. Geltendmachung von Wettbewerbsverbots-Verstößen

Die Ansprüche aus der Wettbewerbsverletzung erlöschen in 3 Monaten. Die 3 Monatsfrist beginnt ab dem Tage, an dem sämtliche Mitglieder des Aufsichtsrates, oder falls kein Aufsichtsrat vorhanden ist, die übrigen Geschäftsführer von der Tatsache Kenntnis erlangt haben. Es ist die tatsächliche Kenntnis erforderlich, bloßes wissen müssen reicht nicht aus. Jedenfalls beginnt die Frist aber in 5 Jahren von ihrem Entstehen an (§ 24 Abs 4)

Die 3 Monatsfrist wird von einem Teil der Lehre als eine Präkulsionsfrist[4] qualifiziert, hingegen

---

3 *Koppensteiner/Rüffler*, GmbHG § 24
4 Koppensteiner/ Rüffler GmbHG, Reich-Rohrwig

vertritt der OGH die Auffassung, dass es sich implizit um eine Verjährungsfrist[5] handelt. Weiters führt der OGH aus, dass die Frist erst beginnt, wenn alle angesprochenen Personen die Tatsachen kennen, die für die Geltendmachung des Anspruches vorausgesetzt werden.[6]

Unklar und gesetzlich nicht geregelt ist der Fall, was zu gelten hat, wenn die Gesellschaft nur aus einem einzigen Geschäftsführer und keinen Aufsichtsrat besteht. Nach Koppensteiner/ Rüffler wird es hier richtigerweise auf die entsprechende Kenntnis der Gesellschafter ankommen.

5. Treuepflicht des Geschäftsführers

Das Wettbewerbsverbot steht in einem engen Zusammenhang mit der Treuepflicht für Geschäftsführer. Im Unterschied zum Wettbewerbsverbot ist die Treuepflicht im GmbH- Gesetz nicht geregelt. Ein Teil der Lehre behilft sich mit der analogen Anwendung des § 84 Abs 1 Satz 2 AktG. Der OGH leitet aus dem Wettbewerbsverbot eine allgemeine Treuepflicht des Geschäftsführers gegenüber der GmbH her. Die Treuepflicht verpflichtet den Geschäftsführer Geschäfts- und Betriebsgeheimnisse, Tatsachen und Betriebsinterna an deren die GmbH eine berechtigtes schutzwürdiges Interesse hat geheim zu halten.

6. Verhältnis Treuepflicht – Wettbewerbsverbot
nach Beendigung der Geschäftsführertätigkeit

Die Verschwiegen und Geheimhaltungspflichten (Treuepflicht) können grundsätzlich nach Beendigung der Geschäftsführertätigkeit andauern. Dies ist aber nur insoweit zulässig, dass sie das weiterkommen des ausgeschiedenen Geschäftsführer nicht unverhältnismässig beeinträchtigen. Das Wettbewerbsverbot im Sinne des § 24 endet grundsätzlich mit dem Ende der Geschäftsführertätigkeit. Besteht jedoch ein Verschulden des Geschäftsführers für das Ausscheiden so bleibt das Wettbewerbsverbot mangels abweichender Vereinbarung aufrecht.[7] In bestimmten Fällen kann sich auch aus einer nachwirkenden Treuepflicht das Verbot einer Wettbewerbstätigkeit nach dem Ausscheiden des Geschäftsführer ergeben.[8]

---

5   OGH 10.10.1995, 4 Ob 52/95
6   OGH 02.10.1985, 3 Ob 555/85
7   Siehe dazu *Torggler,* GesRZ 1978
8   *Reich-Rohrwig* in FS Krejci 787 (812f).

7. Wettbewerbsverbot für Liquidatoren

Auf die Auflösung der GmbH folgt grundsätzlich die Abwicklung, die von den Liquidatoren vorgenommen wird. Man unterscheidet drei Arten von Liquidatoren: geborene, gekorene und gerichtlich bestellte Liquidatoren. Liquidatoren sind die Geschäftsführer (geborene Liquidatoren), falls der Gesellschaftsvertrag nichts anderes vorsieht.[9]

Nach § 89 Abs 5 gilt das Wettbewerbsverbot für Liquidatoren nicht

8. Nachvertragliches Wettbewerbsverbot über das Ende des Dienstvertrages hinaus

OGH, 4 Ob 123/07b

Rechtssatz:

Der abberufene Geschäftsführer unterliegt - auch wenn er weiterhin Gesellschafter ist - keinem gesetzlichen Wettbewerbsverbot.

Der Geschäftsführer unterliegt nach dem Ausscheiden grundsätzlich keinem gesetzlichen Wettbewerbsverbot. Für die Zeit nach dem Ausscheiden kann aber ein nachvertragliches Wettbewerbsverbot vertraglich vereinbart werden.

Beim Geschäftsführer unterscheidet man die Organstellung als Geschäftsführer selbst (Bestellung) und die Anstellung, die ein schuldrechtliches Verhältnis darstellt. Der Anstellungsvertrag wird meistens ein freier oder echter Dienstvertrag sein. Ein reines Auftragsverhältnis ist grundsätzlich möglich, bildet jedoch die Ausnahme.

Eine Abberufung des Geschäftsführer bedeutet aber nicht automatisch die Auflösung des Anstellungsvertrages. Beides ist strikt zu trennen.

Eine Abberufung des Geschäftsführer kann mittels Gesellschafterbeschlusses oder aus wichtigem Grund durch gerichtliche Entscheidung erfolgen (§ 16 Abs 2)

Die Abberufung bewirkt grundsätzlich die Beendigung der Organstellung als Geschäftsführer. Der Anstellungsvertrag bleibt solange aufrecht bis dieser mittels Kündigung oder Entlassung unter Einhaltung der gesetzlichen oder vertraglichen Regelungen vom Dienstgeber aufgelöst wird.

OGH (8 ObA/ 44/01f), Rechtssatz:

„Das Anstellungsverhältnis des Geschäftsführers wird mit seiner Abberufung nicht automatisch in ein "gewöhnliches Anstellungsverhältnis" umgewandelt. Hiefür wäre vielmehr eine zumindest konkludente Vereinbarung zwischen den Parteien erforderlich, wonach das bisherige Anstellungsverhältnis als Geschäftsführer als gewöhnliches Dienstverhältnis fortgesetzt wird. Die bloße Weiterbeschäftigung nach Beendigung der Organstellung genügt nicht."

---

9 Näheres in *Kalss/Nowotny/Schauer,* Österreichisches Gesellschaftsrecht (2008) [4/541]

Jedoch kann es im Einzelfall durch die enge Koppelung Organstellung und Anstellungsvertra unter Umständen dazu kommen, dass durch die Abberufung auch das Dienstverhältnis endet. Dazu die Entscheidung des OGH (9 Ob A 81/91) aus dem Jahr 1991.

Rechtssatz

Bei einer engen Verknüpfung der Organstellung des Geschäftsführers mit seinem Anstellungsvertrag, kann die Beendigung des Anstellungsverhältnisses nur durch wirksamen Gesellschafterbeschluß erfolgen. (§ 48 ASGG).

9. Beendigung des Anstellungsverhältnisses

Zunächst ist zu unterscheiden, ob ein befristetes oder unbefristetes Dienstverhältnis vorliegt. Ein befristetes Dienstverhältnis endet in der Regel durch Zeitablauf. Kündigungsmöglichkeiten können jedoch immer vereinbart werden. Eine Entlassung aus wichtigem Grund sowie ein vorzeitiger Austritt des Geschäftsführers aus wichtigem Grund sind immer möglich und können auch nicht vertraglich ausgeschlossen werden.

Liegt ein unbefristetes Dienstverhältnis vor, so wird dieses durch ordentliche Kündigung unter Einhaltung der gesetzlichen Kündigungsfristen und Kündigungstermin beendet. Aber auch hier ist die Entlassung aus wichtigem Grund seitens des Dienstgeber und der vorzeitige Austritt aus wichtigem Grund seitens des Dienstnehmers möglich.

10. Die Konkurrenzklausel (§§ 36 f AngG)

Die Konkurrenzklausel nach den §§ 36 f AngG kommt bei einem echten Dienstverhältnis zur Anwendung.

§ 36 Abs 1 AngG definiert als Konkurrenzklausel: „Eine Vereinbarung, durch die der Angestellte für die Zeit nach der Beendigung des Dienstverhältnisses in seiner Erwerbstätigkeit beschränkt wird." § 36 Abs 1 Z 1 bis 3 erklärt als kumulative Aufzählung die Konkurrenzklausel insoweit für wirksam, als

1. der Angestellte im Zeitpunkt des Abschlusses der Vereinbarung nicht minderjährig ist;

2. sich die Beschränkung auf die Tätigkeit des Angestellten in dem Geschäftszweig des Dienstgebers bezieht und den Zeitraum eines Jahres nicht übersteigt; und

3. die Beschränkung nicht nach Gegenstand, Zeit oder Ort und im Verhältnis zu dem geschäftlichen Interesse, das der Dienstgeber an ihrer Einhaltung hat, eine unbillige Erschwerung des Fortkommens des Angestellten enthält.

Resümiert gesagt ist die Konkurrenzklausel ungültig, wenn sie die Dauer von einem Jahr übersteigt, bei berechtigtem vorzeitigen Austritt oder Kündigung des Dienstnehmers aus wichtigem Grund oder bei unberechtigter Entlassung oder Arbeitgeberkündigung

§ 36 Abs 2 schränkt aber die Gültigkeit der Konkurrenzklausel ein, indem dass die Konkurrenzklausel nur wirksam ist, wenn das gebührende Entgelt letzten Monat des Dienstverhältnisses das Siebzehnfache der Höchstbeitragsgrundlage nach § 45 ASVG nicht übersteigt.

Der OGH (4 Ob 111/76) führt zu § 36 in seiner Entscheidung vom 14.12.1976 aus:

Rechtssatz

Durch die mit einer Konkurrenzklausel verbundene Erwerbsbeschränkung darf der Angestellte nicht gezwungen werden, seine Kenntnisse und Berufserfahrungen brachliegen zu lassen, einen allenfalls erlernten Spezialberuf aufzugeben und damit zwangsläufig in eine berufsfremde Sparte mit geringerem Einkommen überzuwechseln.

10.1 Konkurrenzklausel und Dienstverhältnis, das nicht dem AngG unterliegt

Bei Dienstverhältnissen, die nicht unter das Angestelltengesetz fallen, ist eine Konkurrenzklausel zulässig. Sie ist aber nur soweit zulässig, dass sie nicht gegen die guten Sitten isd § 879 ABGB verstößt. Ein Verstoß gegen die Guten Sitten liegt insbesondere dann vor, wenn sie die Berufs- und Erwerbsinteressen des Verpflichteten über den Rahmen der schutzwürdigen Interessen hinaus beschränken oder eine unzumutbare Knebelung bedeuten.[10]

Für die Beurteilung der Sittenwidrigkeit wird wohl eine Interessenabwägung zwischen ehemaligen Geschäftsführer und GmbH stattfinden müssen. Es findet dabei eine Gegenüberstellung zwischen Konkurrenzklausel und der Erschwerung des Fortkommens des ehemaligen Geschäftsführers statt. Ein Arbeitgeber wäre gut beraten, wenn er das Wettbewerbsverbot sehr genau in örtlicher, zeitlicher oder sachlicher Hinsicht konkretisiert. Je präziser das Wettbewerbsverbot, desto eher wird es von den Gerichten bestand halten. Sollte ein vertragliches Wettbewerbsverbot jedoch sittenwidrig isd § 879 sein, so ist aber nicht das ganze Wettbewerbsverbot nichtig, sondern jener Teil der gegen die guten Sitten verstößt. Zudem kann das Wettbewerbsverbot bei Verstoß gegen § 879 vom Gericht gemildert werden, insbesondere aber die Dauer herabgesetzt werden.

OGH (1 Ob 9/51)

Rechtssatz

Ein unbeschränktes vertragliches Konkurrenzverbot kann sittenwidrig sein. entspricht aber die Wettbewerbsklausel in einem gewissen Umfang einem berechtigten Interesse, so muss das Verbot vom Richter auf das billige Maß eingeschränkt werden. Wer sich verpflichtet hat, bestimmte Erzeugnisse eines Geschäftspartners nicht zu produzieren, begeht durch einen Verstoß gegen diese Vereinbarung eine unlautere Wettbewerbshandlung.

---

10 *Reich-Rohrwig,* GmbH-Recht I² (1997)

9

III. Nachvertragliches Wettbewerbsverbot in Deutschland

Grundlage für das nachvertragliche Wettbewerbsverbot bilden §§ 74 ff. HGB. Nach ständiger Rechtsprechung des BGH finden die Grundsätze des § 74 Abs 2 grundsätzlich keine Anwendung.

BGH, Urt. v. 26. 3. 1984 – II ZR 229/83

Amtlicher Leitsatz:

Wettbewerbsklauseln zwischen einer GmbH und ihrem Geschäftsführer, die diesen für die Zeit nach Beendigung des Anstellungsverhältnisses in der beruflichen Tätigkeit beschränken, unterliegen nicht den für Handlungsgehilfen geltenden Beschränkungen des § 74 Abs. 2 HGB.

Ein Wettbewerbsverbot gegenüber Organmitgliedern ist nach BGH Rechtsprechung zulässig, wenn

* es dem Schutz berechtigten Interesses des Unternehmens dient und

* nach Ort, Zeit und Gegenstand der Berufsausbildung die wirtschaftliche Betätigung des Organmitglieds unbillig erschwert.

Dabei muss eine zweistufige Prüfung vorgenommen werden. Beide Voraussetzungen müssen kumulativ vorliegen. Wird eine Zulässigkeitsvoraussetzungen verneint muss nicht mehr weiter geprüft werden.

Der Schutz eines berechtigten Interesses liegt vor allem dann vor, wenn der Arbeitgeber sich vor Verwertung seiner Erfolge schützen möchte oder eine missbräuchliche Ausübung der Freiheit der Berufsausübung zu seinen Laste schützen will.

Die Örtliche Grenzen eines nachvertraglichen Wettbewerbsverbotes erstreckt sich auf Wirtschaftsräume bzw. hat sich daran zu orientieren und nicht an kommunale Grenzen. So würde bei weltweit tätigen Unternehmen grundsätzlich ein weltweites Tätigkeitsverbot in Betracht kommen. Sind die örtlichen Grenzen nicht bestimmbar, so gilt im Zweifel ein weltweites Wettbewerbsverbot.

Zeitlich ist das nachvertragliche Wettbewerbsverbot für maximal 2 Jahre zulässig.

IV. Musterformulierungen zum Wettbewerbsverbot

Abbildung 1

**Musterformulierungen
zum
Wettbewerbsverbot**

**§ X
Kundenschutz/Mandantenschutzklausel**

Der Geschäftsführer verpflichtet sich, nach der Beendigung des Dienstverhältnisses für die Dauer von zwei Jahren keine Aufträge von solchen Auftraggebern zu übernehmen, die während der letzten drei Jahre vor seinem Ausscheiden zur Klientel der Gesellschaft gehörten.

**§ Y
Weites Wettbewerbsverbot**

(1) Nach Beendigung des Dienstverhältnisses verpflichtet sich der Geschäftsführer, in den folgenden zwei Jahren für kein nationales oder internationales Unternehmen tätig zu werden, das im Wettbewerb mit der Gesellschaft steht oder mit dieser in Wettbewerb zu treten beabsichtigt. Das Wettbewerbsverbot erstreckt sich räumlich auf ... Als Wettbewerber gelten insbesondere folgende Unternehmen ...

§ Y

Handelt Herr .... dem Wettbewerbsverbot zuwider, steht der Gesellschaft für jeden Fall bzw. jeden Monat der Zuwiderhandlung eine Vertragsstrafe in Höhe von 3/12 der zuletzt bezogenen Bruttojahresvergütung (Festgehalt zuzüglich Tantieme). Die Geltendmachung eines weitergehenden Schadens bleibt davon unberührt.

Abbildung 2

11